Réussir son
INVESTISSEMENT
EN COLOCATION

Elodie SETRUK

Mentions Légales

Titre du livre : Réussir son INVESTISSEMENT EN
COLOCATION
Auteur : Elodie SETRUK

Code ISBN : 9798377550037
Marque éditoriale : Independently published

TABLE DES MATIÈRES

CHAPITRE 1 : PRESENTATION

Hello, je m'appelle Elodie !

Cela fait maintenant 10 ans que j'évolue dans le secteur de la colocation.

J'ai travaillé pendant plus de 5 ans au sein d'une agence immobilière spécialisée, puis j'ai créé deux sociétés dans la colocation.
J'ai également eu l'occasion d'investir dans ce que l'on appelle des « investissements à hauts rendements ».

Mon souhait est désormais de pouvoir faire bénéficier un maximum de personnes de mon savoir-faire, de mes retours d'expériences. J'ai envie de vous faire éviter les erreurs que l'on commet tous en débutant !!

Bien qu'en ayant eu dès le départ des mentors avisés... cela ne m'a pas permis de toutes les éviter !

J'ai commencé à travailler dans l'immobilier en colocation un peu par hasard, au tout début ça devait être un CDD de quelques mois en tant que commerciale.

Je devais donc mettre les annonces des chambres disponibles en ligne, gérer les appels entrants, faire les visites, accompagner les colocataires pour la constitution de leurs dossiers, les soumettre à ma hiérarchie pour qu'ils soient traités, puis faire le retour tant attendu : soit la validation, soit le refus.

En cas de validation, je devais ensuite préparer le contrat de bail, l'état des lieux, et l'ensemble des documents liés à l'entrée du colocataire.

Cela parait simple ?

Il y a cependant de nombreuses subtilités

qui s'y ajoutent. Par exemple : orienter les personnes en recherche en fonction de leurs profils, car une colocation au sein de laquelle les colocs ont les mêmes attentes, niveaux d'hygiène, tranches d'âge etc. ..., est une coloc dans laquelle ça se passe bien !

Et bien que ça puisse vous paraitre des plus anodins, une coloc où tout va bien est une coloc dans laquelle les colocataires vont rester plus longtemps.

Ce qui implique moins de turnover (renouvellement des colocataires), et moins de carences locatives aussi : car oui, le prospect qui vient en visite le ressent assez facilement !!

Vous avez donc tout intérêt à prendre l'humain en compte dans vos sélections de profils de colocataires !

Au fur et à mesure de mon expérience professionnelle, s'est ajoutée la gestion locative. Nous collaborions dans une petite agence, selon les périodes, j'ai pu encaisser les loyers, m'occuper du suivi des impayés... et surtout gérer le suivi technique !

Encore une fois, cela vous parait anodin mais je peux vous assurer que cela se complexifie en colocation !

Ayant toujours eu un bon relationnel, j'ai tissé des liens avec les différents propriétaires dont je gérais les biens. Cela m'a permis de me rendre compte qu'il n'y avait pas un seul type d'investisseurs. Il y avait de gros investisseurs qui étaient évidement bien loin de mes perspectives mais aussi des Monsieur et Madame tout le monde qui avec une certaine éducation financière, s'enrichissaient de façon conséquente grâce à la colocation...

Et donc si vous êtes Monsieur ou Madame tout le monde, j'ai une excellente nouvelle pour vous. Vous pouvez aussi vous enrichir de façon conséquente grâce à la colocation et, ce livre est particulièrement fait pour vous !

A force de les fréquenter, je me suis posée la question : « pourquoi pas moi ? »

Après tout, je ne suis pas plus bête qu'une autre !!

Je vais, dès à présent, vous transmettre l'ensemble de mes conseils pour réussir votre investissement en colocation.

CHAPITRE 2 : POURQUOI INVESTIR ?

Pour diversifier ses revenus, on nous explique souvent que c'est le début de la richesse !

A mon niveau, j'étais encore assez jeune, et beaucoup plus terre à terre, l'idée de ne pas dépendre que de mon patron au niveau de mes ressources était une perspective qui me plaisait beaucoup...

J'ai donc commencé comme ça, et ma soif de liberté a rapidement été (très) satisfaite de ce choix !

Je créais autant de revenus que mon salaire !! Sans même parler de la création de mon patrimoine et tout ce qui s'en suit.

Au-delà de l'argent au sens propre, c'est vraiment la sensation de liberté qui m'a le plus conquise. J'avais la liberté de voyager (plus), de compter (moins), et d'envisager de dire « M**** » à mon patron. En soit je ne l'ai jamais fait, mais savoir que l'on peut le faire est plutôt agréable.

J'ai donc acheté une première colocation de 96m2 en banlieue parisienne. A moins de 400mètres d'une gare RER.

En 2017, je paye le bien 252 000€ après négociation. 16 000€ de travaux pour adapter l'appartement, et 6 000€ d'ameublement. Vive la seconde main qui permet de faire des économies non négligeables !

En optimisant l'ensemble des paramètres je suis sur une rentabilité nette avant impôts de 8,8%.

Sans compter sur les perspectives de plus-value avec l'arrivée prochaine du Grand Paris...

Plutôt pas mal pour un premier

investissement !

J'ai voulu réitérer l'expérience avec une seconde colocation équivalente de 5 chambres, toujours en banlieue parisienne.

La différence : une moins bonne proximité des transports !

En 2018, j'ai acheté ce bien à 185 000€ après négociation, 27 000€ de travaux pour adapter l'appartement et 8 500€ d'ameublement.

Cette fois on avoisine les 10% de rendement net.

Encore mieux me direz-vous … mais la différence se situe, à mon sens, sur la prise de risque. Nous y reviendrons dans le sous chapitre dédié à l'emplacement du bien.

Mes investissements m'ont permis de me mettre à mon compte en 2019 … bon timing juste avant la crise sanitaire !

Ce qui devait me servir de filet de sécurité financier, m'a permis de stresser encore un peu plus. Inutile de vous dire qu'à chaque confinement, nous savions que les chambres disponibles le resteraient 3 mois de plus car personne n'avait envie de vivre ces moments avec des inconnus.

J'ai créé une agence immobilière en ligne au sein de laquelle nous gérons bien évidement des colocations et accompagnons les propriétaires dans leurs investissements.

Puis j'ai cocréé une plateforme dédiée et adaptée à la colocation en 2020 … Autant vous dire que je respire la colocation même si je n'y vis plus depuis quelques années.

J'espère sincèrement que toutes les explications et conseils qui vont suivre vous aiguilleront au mieux dans vos démarches.

CHAPITRE 3 : PRINCIPES GENERAUX

1.La colocation : quelques définitions

La colocation est le fait de louer à plusieurs personnes qui ne sont pas mariées ou pacsées un même logement qui est leur résidence principale. Peu importe qu'il s'agisse d'un bail solidaire ou individuel.

Et justement quelle est la différence entre les deux types de baux ?

Un bail solidaire est un bail unique signé par tous les colocataires. Cela signifie que si une chambre est disponible, les autres colocataires sont redevables de cette part de loyer. Le propriétaire ne subit pas l'impact des carences locatives ponctuelles.

Pour autant ce n'est pas l'option que je vous recommande et cela pour 3 raisons principales :
- vous louez votre bien au prix marché
- quand le préavis tombe c'est toute la coloc qui se vide
- vous dépendez des revenus fonciers qui sont plus lourdement imposés.

Un bail individuel est un bail signé par chaque colocataire. Il est l'unique responsable de sa chambre. C'est un espace qui lui est totalement privatif et il bénéficie d'un usage partagé des espaces communs.
Les colocataires ne sont donc pas solidaires du paiement d'un loyer global.

Par ailleurs, cette option est très intéressante à plusieurs niveaux :
- votre revenu locatif est bien plus élevé
- si une chambre est disponible, vous continuez de percevoir les loyers des autres chambres

- vous êtes imposés sur les bénéfices industriels et commerciaux qui sont avantageux pour le propriétaire.

Il convient aussi de ne pas faire l'amalgame entre caution simple et caution solidaire. Lesquelles n'ont rien à voir avec le bail simple ou le bail solidaire. Vos futurs colocataires risquent de vous poser la question.

Il s'agit ici des garants physiques.

La caution simple : elle ne peut être mise en jeu que lorsque le locataire est déclaré insolvable. Concrètement : après avoir fait toutes les démarches pour recouvrir votre impayé avec le colocataire, vous recommencez avec le garant.

La caution solidaire : dès le premier impayé, le garant est redevable des sommes dues au même titre que le locataire, donc beaucoup plus pratique !

Attention ⚠ Vous ne pourrez pas cumuler une caution simple ou solidaire avec une assurance loyers impayés. Cependant quelques exceptions sont possibles avec le statut étudiant.

D'autres types de garantie existent : il y a la garantie VISALE (organisme d'état), la caution bancaire ou bien encore les organismes de caution locative privés. Ces derniers sont assez intéressants pour les bailleurs, et à la charge intégrale du colocataire.

En ce qui concerne les charges inhérentes aux locataires et pour des questions pratiques, je vous suggère de les centraliser. Cela signifie que vous louerez un loyer charges comprises et que vous serez prélevé directement des différentes factures.

Vous pouvez intégrer dans ce montant toutes les charges inhérentes au logement :
- eau froide
- eau chaude
- électricité
- chauffage
- internet

- assurance habitation (avec responsabilité civile)
    - taxe d'ordure ménagère
    - prestation de ménage
    - Netflix … etc

L'assurance habitation est un élément assez central car si chacun de vos colocataires a la sienne, vous risquez de vous retrouver dans une situation délicate le jour où un sinistre surviendra dans les parties communes. Et pour cause, les assurances se renverront la balle de l'une à l'autre...

De même, en laissant vos colocataires gérer les différents contrats. Par exemple : le jour où celui qui avait le contrat d'électricité s'en va et le résilie, les autres colocataires restants peuvent se retrouver rapidement dans une situation assez problématique s'il y a un manque de communication entre eux...

S'offre à vous le choix du forfait ou de la provision de charges.

Le forfait de charges : Le forfait correspond est une somme fixe définie dans le contrat de bail que le colocataire paye mensuellement qui ne peut donner lieu à aucune régularisation. Concrètement, le bailleur ne peut réclamer aucun complément si le forfait est insuffisant par rapport à la réalité des charges. Attention aux petits malins qui envisageraient une surévaluation des charges pour être sur une marge positive, la loi est très claire à ce sujet *« ce montant ne doit pas être manifestement disproportionné au regard des charges dont le locataire ou, le cas échéant, le précédent locataire se serait acquitté »* (article 8-1 de la loi du 6 juillet 1989).

La provision de charges : La provision quant à elle, est une somme payée mensuellement qui sera régularisée en fin d'année en fonction des dépenses réelles. Elle est utilisée majoritairement dans le cas de location nue.

2. Go out les idées reçues

Posons les bases : NON la colocation n'est pas/plus seulement « un truc de jeunes ».

Le temps où la colocation était une façon de vivre de quelques marginaux où l'ensemble du mobilier se résumait à des palettes est révolu.

Les colocations sont de plus en plus haut de gamme, et le coliving a aussi fait son entrée en scène.

Le marché de la colocation a beaucoup évolué ces dernières années, voici quelques chiffres :

- La taille du marché a doublé tous les 24 mois
- La colocation représente plus de 10% du marché locatif
- Il y a plus de 2 millions de colocataires en France.

Au-delà de ces chiffres, la colocation ne

concerne plus seulement les étudiants mais toutes les tranches de la population. Il y a désormais plus de jeunes actifs que d'étudiants en colocation 45% contre 40%.

Il faut aussi prendre en compte une évolution plus globale de la société, beaucoup de personnes n'occupent plus le même poste pendant toute leur carrière, ce qui par ricochet augmente également le nombre de déplacements et de mutations. De même, de nombreux couples ne vivent plus toute leur vie ensemble, ce qui, par la force des choses mène à des périodes transitoires/de rebond pendant lesquels : LA COLOCATION EST UNE SOLUTION PRATIQUE.

C'est certainement pour cela que l'on constate qu'il y a de plus en plus de personne de toutes tranches d'âge qui passe par l'étape coloc à la suite d'une séparation.

Un aspect financier est aussi à prendre en compte car la colocation reste plus abordable que d'autres logements du parc privé.

Il en va donc de même pour des familles monoparentales, qui n'ont pas les moyens de subvenir aux charges d'un logement adapté avec plusieurs enfants.

Il est aussi important d'évoquer l'individualisation de la société de façon plus générale, il y a un siècle on ne vivait (quasiment) jamais seul, on passait de chez nos parents au logement avec notre conjoint.e et on divorçait moins !... De nos jours, on passe tous et toutes par ces phases-là.

La crise sanitaire nous a rappelé que vivre seul n'est pour autant, pas adapté à tous !

Ce qui permet à la colocation de se placer en tant que choix à part entière d'un souhait de vivre en communauté. Et ne relève pas seulement d'un choix par dépit lié à un critère financier.

Nous trouvons de plus en plus de seniors qui préfèrent vivre à plusieurs afin de bénéficier d'un cadre de vie plus agréable et surtout de ne pas rester seul. Bien que soyons d'accord, le montant des retraites demeure - malheureusement- un argument économique en faveur de la colocation.

Et maintenant… Parlons peu, parlons bien.

CHAPITRE 4 : COMMENT CHOISIR SON BIEN EN COLOCATION ?

Vous voilà dans les starting-blocks, prêts à commencer les visites et investir.

Dans les circonstances actuelles, je vous conseille fortement d'avoir au moins 15% du projet en apport, et un bon dossier à présenter au banquier nous y reviendrons dans un sous chapitre dédié.

Ne négligez pas ces deux points, car après : tout va s'enchainer !

1.Avantages : recherche plus simple

Quel intérêt à la recherche d'une colocation ?

L'avantage de l'investissement en colocation par rapport à d'autres types d'investissement est qu'il n'y a pas de « off-market ».

Le off-market désigne littéralement tout ce qui est en dehors du marché. Par définition, un bien off-market est donc une maison ou un appartement qui n'est pas visible sur les annonces de biens publiées en ligne ou dans les revues dédiées à l'immobilier.

Par conséquent, nul besoin d'être en alerte constante pour chaque nouvelle annonce mise en ligne.

Bien au contraire, votre recherche ressemblera plutôt à une veille immobilière afin d'observer quel bien a vu son prix baisser, quel bien est en ligne depuis plusieurs mois. Nous y reviendrons lorsque nous aborderons la négociation.

L'avantage est donc qu'il n'y a pas besoin de se faire connaitre en amont par les agences immobilières qui travaillent sur ce secteur. Leur exposer votre projet d'investissement au fur et à mesure des prises de contact sera suffisant.

Il s'agit ensuite de déterminer vos critères de recherches, et de créer ses listes et alertes.

En comparaison à un investissement plus traditionnel type studio/T2, la colocation représente de nombreux avantages :
        - le nombre d'investisseurs sur ce créneau est mécaniquement moins important, de fait le marché est moins tendu et laisse de plus belles possibilités de négociations,
        - le prix au mètre carré est moins élevé sur des grandes surfaces. Bien sûr, le prix de l'investissement sera plus important cependant la rentabilité suivra, pas d'inquiétude à ce niveau.

2.Critères pour booster sa recherche

Passons au concret d'une recherche de colocation !

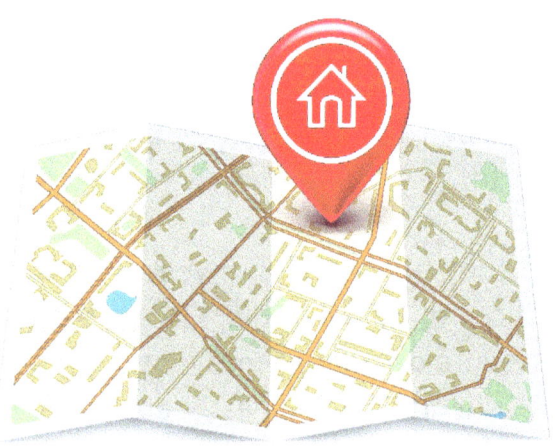

1. L'emplacement du bien.

C'est le point essentiel qui ne peut pas être pris à la légère car vous ne pourrez pas le modifier contrairement à quasiment tout à l'intérieur du bien.

Il est important que les commerces et transports soient accessibles. Cela ne vous concerne certainement pas mais si vos locataires mettent automatiquement 1h30 pour aller travailler, ils auront plus de difficultés à se projeter sur du long terme ce qui engendrera plus de carences locatives pour vous. En effet, vous aurez aussi plus de mal à relouer les chambres.

Comme je vous l'ai dit précédemment, la principale différence entre mes deux colocations est leur distance avec une gare RER.

La première se situe à 400m de la gare, la seconde à 2km.

Sur la première, les colocataires sont restés en moyenne 1 an et demi et j'ai une carence locative moyenne de 3 semaines quand une chambre se libère.

Sur la seconde, les colocataires restent en moyenne 6 à 9 mois et la carence locative se compte plus aux alentours des 3 mois quand une chambre se libère. Je vous laisse faire les calculs...

Vous pourriez douter de mon professionnalisme sur le deuxième investissement : cependant vous verrez que je sais exactement là où je vais, car d'ici quelques années une future gare du Grand Paris sera à moins de 400m … :).

Particulièrement si vous êtes véhiculé, testez le temps de trajet entre la gare et le logement visité (via les applications de transports en commun au minimum), ainsi que la distance avec les commerces. Vous vous rendrez alors compte du quotidien de vos colocataires et cela vous aidera aussi à mieux louer vos chambres par la suite.

Je vous recommande d'y passer à différentes heures du jour, de la nuit, en semaine et en week-end pour ressentir les alentours.

Étant une jeune femme, je sais directement, que si je ne me sens pas à l'aise dans le quartier en soirée, les colocataires féminines auront certainement le même ressenti… (et ne s'y projetteront pas sur du moyen/long terme encore une fois).

Le dynamisme du secteur doit également

attirer votre attention : y'a-t-il des universités ? un pôle d'activité en développement ? un aéroport ?

Ces différents points vous permettront de bien choisir votre ville.

Par exemple : en Île de France, à prix équivalent, il vaut mieux investir aux alentours de l'aéroport Roissy-CDG ou Orly qu'à Melun.

Pour tester la pertinence de ce propos, lorsque vous repérez un bien, vous pouvez analyser sur les moteurs de recherche les chambres disponibles sur la commune ainsi que leurs prix. Cela vous aiguillera sur le potentiel de viabilité de votre projet.

Il faut être lucide sur certains aspects de l'immobilier : depuis quelques années, les prix gonflent de plus en plus - de façon générale - c'est pourquoi il faut être conscient de la prise de risque par rapport à l'emplacement du bien.

Vous voulez faire un investissement très rentable à plus de 10% ? Alors vous devez investir certainement dans un quartier « en devenir » mais d'ici à sa mutation, vous aurez peut-être plus de mal à louer vos chambres.

Inversement en investissant dans un quartier qui a déjà été modernisé, les prix auront aussi été impacté et votre rentabilité ne sera pas autant au rendez-vous. Par contre, vous louerez certainement plus vite vos chambres et aurez moins de carences.

Attention : je vous déconseille de tenir compte d'une éventuelle plus-value lors de la revente dans le calcul de votre rentabilité car ce point est d'une part assez aléatoire malgré tout, et selon le délai après lequel vous revendez, vous serez - plus ou moins- lourdement taxé.

Vous l'aurez compris l'emplacement est TRÈS TRÈS important !

2- L'appartement en copropriété

Lorsque vous souhaitez investir sur un appartement en copropriété, soyez attentifs à plusieurs points :

    - certains règlements de copropriété interdisent la vie en colocation, c'est assez rare, mais je suis déjà tombée sur des clients qui n'ont pas pu nous laisser leur bien en gestion - ni le gérer eux mêmes- à cause de cela. Pensez donc à le vérifier idéalement par vous-même, car vous vous doutez qu'un agent immobilier ne lit pas tous les règlements de copropriété avant de signer un mandat !

- on se renseigne bien sur le montant des charges et ce qu'il inclut. De façon générale, on évite les grosses copropriétés avec des gardiens, ascenseurs etc... Cela a un impact direct sur le montant des charges car les charges courantes seront prises en charge par vos colocataires en revanche, vous ne louerez pas vos chambres plus chères que les autres sous prétexte que la colocation se situe dans une grande résidence.

Exemple :

Petite copropriété : charges à 120€/mois

Appartement de 4 chambres avec un loyer moyen à 500€cc, l'ensemble des charges se chiffrera certainement à 100€/mois/coloc.

Soit un loyer hors charges à 400€/mois/chambre.

Grosse copropriété : charges à 500€/mois

Appartement de 4 chambres avec un loyer moyen à 500€cc, l'ensemble des charges se chiffrera certainement à 180€/mois/coloc.

Soit un loyer hors charges à 320€/mois/chambre.

Sur une année, cela vous fait une perte sèche de 3840€ de revenus locatifs...

3- Le bien

Maintenant que vous avez compris l'ensemble des critères extérieurs à prendre en compte, on se concentre sur le bien en tant que tel.

Visez au minimum un gros 4 pièces - donc 3 chambres - que vous pourrez transformer en 5 pièces. En dessous, le delta de rendement n'est à mon sens pas suffisamment intéressant et assez risqué d'un point de vue humain.

Vous choisissez que telle et telle personnes vont vivre ensemble sans qu'elles ne se connaissent forcément... c'est quitte ou double !

Par exemple : dans une coloc de 3, si je ne m'entends pas avec un de mes colocs et que l'autre prend parti, je peux vite me sentir ... très seule ! Alors que dans une coloc de 5, si je ne m'entends pas avec l'un d'entre eux, il y en a 3 autres... :)

Et évidement plus le bien est grand, plus vous pourrez avoir de nombreuses chambres et augmenter votre rentabilité !

Il faut aussi prévoir d'adapter le nombre et la taille des espaces communs en fonction du nombre de colocataires.

Par exemple le nombre de salle d'eau et WC, il faut prévoir en moyenne un point d'eau pour 2 à 3 personnes. Aussi lors d'une visite, portez une attention particulière aux arrivées et évacuation d'eau.

De même pour chaque pièce, chambre et parties communes, il est impératif que chaque chambre mesure au minimum 9m2, dispose d'une fenêtre, et d'un chauffage.

Pour le séjour, on ne fait pas l'impasse dessus non plus, j'ai déjà vu nombre de propriétaire allouer l'entrée à la partie séjour … sans fenêtre c'est particulièrement glauque - et ça se répercutera sur la location de vos chambres ainsi que leur prix !!

J'insiste bien sur ce point car l'une des façons principales d'augmenter le nombre de chambres sera de diviser le salon en 2 parties, mais la distribution d'un bien ne s'y prête pas toujours !

Il n'y a pas de bien modèle, l'idéal sera en fonction de vos objectifs.

En ce qui concerne vos calculs de rentabilité, vous aurez l'occasion de vous rendre compte qu'au-delà d'un pourcentage, il est stratégique d'avoir une chambre de plus que l'autofinancement. Car justement si l'une d'entre elle est disponible, en travaux ou autres, votre investissement continuera de s'auto-financer sans que vous ayez à remettre au pot à chaque « coup dur ».

Dans l'auto-financement, je vous conseille d'y intégrer les charges du propriétaire, pas seulement le remboursement du crédit. À savoir, la taxe foncière, l'assurance propriétaire non-occupant, les frais d'expertise comptable, le centre de gestion, les frais d'une agence immobilière si vous souhaitez déléguer la gestion de votre bien…

3.Chiffrer les travaux

Vous y voilà, vous avez trouvé le bien, le bon emplacement.

Comme souvent pour adapter un bien à la colocation : des travaux sont à prévoir !

Aussi, il est tout à fait légitime de demander une contre-visite avec un entrepreneur avant de faire une offre d'achat. Vous pourrez alors chiffrer les travaux de façon précise et les intégrer dans votre business plan.

Si vous voulez faire venir d'autres entrepreneurs pour des devis comparatifs, il vaut peut-être mieux attendre d'avoir signé le compromis. Bien sûr, cela dépend du feeling avec les vendeurs et l'agent immobilier.

Un entrepreneur aguerri est souvent de bon conseil, écoutez ce qu'il a à vous dire, il a surement plus d'expérience que vous en matière d'aménagement d'intérieur.

En revanche, dès que vous avez choisi l'entreprise par laquelle vous passerez, je vous conseille fortement de les en informer ainsi que de la période de signature de l'acte authentique. On n'y pense pas forcément car ce « détail » arrive souvent pendant les semaines où nous sommes à la recherche d'un financement. Mais il est important de le faire afin que l'entrepreneur bloque son équipe pour la réalisation de vos travaux dès la signature.

Si vous êtes bricoleur et que vous comptez effectuer vos travaux vous-mêmes ou avec une bande de copains : pensez à poser des congés !

Car dès lors que vous êtes passé chez le notaire, ça va être la course.

Nous évoquerons cet aspect ultérieurement.

CHAPITRE 5 : NEGOCIATION ET COMPROMIS

1.Négociation du prix

La colocation se fait toujours sur des biens anciens. Il n'y a aucun intérêt à privilégier un investissement dans du neuf sachant que les prix sont en moyenne 20% supérieurs au reste du marché.

Plus il y a de travaux à faire, ou plus les

propriétaires actuels sont pressés de vendre, plus cela vous offre une belle marge de négociation.

Bien sur le but n'est pas de les braquer et de bloquer ou annuler la vente en leur faisant une offre à 50% de moins que le prix affiché.

Cependant vous pouvez tout à fait argumenter votre offre d'achat avec des raisons valables : un rafraichissement impératif, une mise aux normes à faire pour le gaz ou l'électricité, la perspective de ravalement de l'immeuble (si ce dernier n'a pas encore été voté), l'obsolescence d'une chaudière… etc.

Par exemple : on ne prendra pas en considération la couleur d'une pièce si pour autant elle est dans un bon état, cela relève des goûts qui sont propre à chacun.

Fixez-vous un prix maximum, attaquez la négociation en deçà et assurez-vous de ne pas dépasser ce montant afin de ne pas impacter la rentabilité de votre future colocation.

Bien sûr, si en parallèle, vous arrivez à négocier le montant des travaux ou les frais d'agence de l'agent immobilier cela peut faire office de vase communicant avec le prix du bien, et vous permettre d'être un peu plus flexible lors de votre dernière offre, l'essentiel est de respecter vos objectifs de rentabilité.

2.Signature du compromis et différentes conditions suspensives

Vous êtes enfin tombé d'accord ?! Félicitations, vous entrez concrètement dans le tunnel de l'investissement de cette colocation !

L'heure est à la signature du compromis et bien sûr, pas de pression à vous mettre à ce moment-là.

En tant qu'acquéreur, vous êtes « en position de force » et devez concentrer votre énergie sur les conditions suspensives. C'est lors du compromis qu'elles seront formalisées, il est donc important que ce soit celles que vous souhaitez qui sont bel et bien indiquées. Vous pouvez les préciser dès l'offre d'achat.
Si l'une d'entre elles ne l'est pas, la vente pourra être annulée !
Elle est définie par l'article 1304 du Code civil comme conditionnant l'exécution du contrat à la réalisation d'un événement futur et incertain.
Si elles sont toutes réalisées, acquéreur

et vendeur ne pourront pas se soustraire à leur obligation de conclure.

La plus courante est la condition suspensive de prêt, elle est obligatoire si l'acquisition se fait à l'aide d'un ou plusieurs crédits.

Cependant il en existe de nombreuses autres qui sont liées à :
- la confirmation de la surface du bien
- l'obtention de l'ensemble des diagnostics immobiliers réglementaires
- l'obtention d'une autorisation de changement de destination
- l'obtention d'un permis de construire
- l'obtention d'une autorisation préalable de travaux
- la levée de toute hypothèque
- la renonciation formelle de la commune à son droit de préemption sur le bien lorsqu'il existe.

Pensez donc à bien les inclure en fonction des étapes par lesquelles vous allez passer !

Enfin, l'acheteur a la possibilité de se rétracter pendant les 10 jours calendaires qui suivent la signature du compromis. Concrètement, vous pouvez encore changer d'avis pendant cette période. À contrario, les vendeurs sont, quant à eux, engagés dès la signature.

Bien sûr, je ne vous conseille pas de signer des compromis à tout va et de réfléchir sérieusement à l'achat du bien sur ce délai. Cependant, gardez à l'esprit qu'il existe… juste au cas où !

CHAPITRE 6 : SE FAIRE FINANCER SON INVESTISSEMENT

Après la signature, commence alors la course au financement. Mon conseil principal est : ne perdez pas une minute, FONCEZ !!

En général, vous disposerez d'un délai de 45 jours pour l'obtention du financement. Bien sûr, vous pouvez dès le compromis faire passer ce délai à 60 ou 75 jours avec l'accord du vendeur. Sinon vous pourrez toujours, ultérieurement, demander une prorogation au vendeur. Cette démarche rallongera le délai afin de vous accorder un temps supplémentaire.

Dans la mesure du possible, n'attendez pas la dernière minute pour faire cette demande.

1.Conseils sur la présentation du dossier

Votre dossier et la relation que vous allez développer avec le banquier est une relation d'affaire. Il est important qu'il vous voie comme une personne sérieuse, motivée et structurée.

Votre banquier doit être perçu comme un partenaire dans la réalisation de votre projet.

Certains rappels vous sembleront évidents mais aux différents rendez-vous, on arrive à l'heure voire quelques minutes en avance, ne sortez pas nécessairement un smoking 3 pièces, mais soyez propre sur vous, coupez votre sonnerie de téléphone, soyez souriant, sûr de votre projet que vous maitrisez parfaitement. Ces règles font partie d'une base souvent oubliée… Malheureusement !

Et bien sûr, vous n'arrivez pas les mains vides, vous avez préparé votre dossier, soit en version papier, soit sur un PDF bien présenté.

Concernant son contenu :

- il est important de montrer au banquier que vous savez gérer un budget ! Les banques vont regarder votre train de vie sur les derniers mois. Donc, toujours dans la mesure du possible :

> ➢ on épargne au moins 10% de ses revenus,
> ➢ on montre que l'on sait tenir ses comptes, donc :
>> ❖ on évite les dépenses superflues : même si ce sont les soldes, ne dépensez pas la moitié de votre salaire en shopping. Il en va de même pour les sorties, bien sûr un diner au restaurant ne choquera personne mais des bouteilles en club tous les week-ends ne sera pas en faveur de votre dossier,
>> ❖ on bannit les jeux en

ligne, casino et autres jeux de hasards.

- concernant le bien, il faudra lui présenter de façon assez détaillée l'emplacement, la proximité des transports et commerces, les perspectives d'avenir aux alentours. Par exemple : l'implantation d'une société qui va générer de l'emploi, une école, un moyen de transport ...etc.

- un business plan complet de votre projet.

Celui-ci inclura :

1 – *L'ensemble des charges, à savoir :*
- le prix d'achat (et le prix de départ pour lui montrer que vous avez bien su négocier)
- le montant des frais de notaire
- le montant des travaux
- le montant de l'ameublement prévu
- l'apport dont vous disposez.

2 – *Les recettes* correspondront aux prix de vos loyers Hors Charges, pas surévalué mais dans la tranche haute…

3 – _Les frais divers_ comme la taxe foncière ainsi que les frais de gestion annuel sont à intégrer si vous souhaitez déléguer la gestion à une agence.

4 – _Le montant des revenus nets annuels_ (la balance des recettes – frais divers) ainsi que le rendement annuel net avant impôts.

Ce savant calcul se fait avec vos revenus nets annuels divisés par le montant total à financer, le tout multiplié par 100.

- les autres documents traditionnellement attendus par votre banquier tel que votre dernier avis d'imposition, vos trois derniers bulletins de salaire, vos trois derniers relevés de compte en banque, un justificatif d'identité, un justificatif de domicile de mois de 3 mois, et évidement, le compromis de vente.

Bien sûr, si d'autres éléments vous semblent opportuns, n'hésitez pas à les joindre à votre dossier, par exemple si vous avez déjà investi, vous pouvez joindre vos précédents bilans comptables pour lui prouver votre expertise.

Point d'attention important : Les banques ne prennent que 70% des revenus locatifs en compte donc il faut idéalement que votre projet s'autofinance en deçà !

2.Un accord de principe ne vaut rien !

Si vous êtes quelqu'un de structuré et d'organisé, vous commencerez certainement par ce qui vous semble être le commencement logique, à savoir : combien je peux emprunter ?

Ça ne sert à rien de miroiter des investissements à 650 000€ si vous ne pouvez en emprunter « que » 250 000€ (ce qui est déjà très bien en soit !).

Avant de commencer vos recherches, vous prendrez donc rendez-vous avec votre banquier pour lui présenter votre projet et avoir une idée de votre capacité d'emprunt.

Exactement ce que j'ai fait en amont de mon premier investissement, je vais voir ma banque historique, celle au sein de laquelle mes parents m'ont ouvert un compte à ma naissance et où toute ma famille est ... Le rendez-vous se passe relativement bien (en 2016, le banquier me regardait à moitié comme un ovni avec mes idées de colocation), il me donne une idée de ma capacité d'emprunt et un document s'appelant « accord de principe ».

Toute contente, je commence les visites hyper sereine en étant profondément persuadée que jusqu'à ce montant, ma banque me suivait ... FAUX ! Erreur ! Naïveté ! Un accord de principe ne vaut rien...

Pour la suite de ma petite histoire, je trouve le bien, signe le compromis et retourne voir la banque la bouche en cœur avec tous les conseils que je vous ai transmis précédemment... et là désenchantement totale quand mon banquier me dit qu'ils ne me suivront pas sur cette opération.

Je tombe littéralement des nues : ils ne me donnent aucune raison valable (évidement) si ce n'est que je n'ai pas la capacité d'emprunt adéquate - alors que c'était eux même qui me l'avait donné et que j'avais respecté le budget...

Sauf qu'en attendant, persuadée qu'il n'y aurait eu aucun souci pour le financement je ne suis pas allée voir d'autres banques et me suis retrouvée complètement paniquée, à deux semaines de la fin de période accordée pour l'obtention d'un prêt...

Comme nous l'avons évoqué, j'ai bien sûr demandé une prorogation des conditions suspensives pour disposer d'un délai supplémentaire.

Mon avis sur ce refus : le dossier est passé en commission et mon banquier n'a pas su BIEN présenter le projet ! D'où l'importance que votre dossier, business plan ... etc. soient les plus clairs possible.

La morale de l'histoire est d'aller voir plusieurs banquiers, même si l'un d'entre eux, peut-être votre banquier « historique

», vous a donné un accord de principe avant le début de vos recherches. Ne vous endormez pas sur vos lauriers comme je l'ai fait !

Si vous connaissez d'autres investisseurs, ils pourront vous mettre en relation avec leur banquier qui connait déjà ce type de dossier/projet (c'est encore mieux s'ils vous recommandent).

On continue les rendez-vous avec les banques tant que l'on n'a pas un accord de prêt.

L'autre option envisageable est de contacter un courtier, et qu'il vous trouve des banques prêtes à vous suivre sur ce projet.

Si le courtier et les banquiers avec lesquels il collabore sont bons, ça peut certainement donner un résultat fructueux et vous permettre d'accéder au financement de votre future colocation, attention à ne pas perdre de temps si ce n'est pas le cas...

Mon dernier investissement date d'il y a 4 ans (au moment où l'ebook est publié !

Depuis je me suis lancée dans l'entrepreneuriat et ma situation ne m'a pas permis de réemprunter), j'ose croire que la situation a évolué depuis car, en toute transparence, je n'en garde pas un très bon souvenir.

Je m'explique : je suis en relation avec un courtier qui m'a été recommandé par des amis. Il m'indique avoir des banques intéressées par mon projet.

Je suis recontactée par deux d'entre elles - aucune ne m'a financé - dont une, qui a quand même eu l'indécence de me faire venir à un rendez-vous en présentiel pour me dire que mon projet ne les intéressait pas et qu'ils ne me financeraient pas … Est-ce qu'un coup de téléphone ou un mail n'aurait pas été suffisant !??

La colocation reste encore un marché de niche avec ses avantages et inconvénients … à la fois, nous dégageons une grosse rentabilité, et à la fois les personnes avec lesquelles nous sommes amenés à collaborer ne connaissent pas encore bien ce fragment de marché.

Il faut donc composer avec.

Bien évidemment, vous êtes tous des winners et vous ne lâcherez rien avant l'obtention du financement !! Même s'il faut faire 20 ou 30 rendez-vous avec différents établissements bancaires : on reste motivés et on ne se décourage pas !!

Quand l'une des banques est d'accord pour vous accompagner sur ce projet, négociez un point très important : le décalé de crédit.

Il peut aller jusqu'à 24 mois à partir de la signature de l'acte authentique.

Ce remboursement différé de votre prêt immobilier vous permettra de faire les travaux plus sereinement, de remplir votre colocation et de vous créer un matelas de sécurité dont on reparlera.

Certaines banques vous feront tout de même payer l'assurance et les intérêts bien que ça ne soit pas automatique, et encore une fois, tout se négocie…

A mon sens, il n'est pas très pertinent de passer votre énergie sur la négociation du taux d'intérêt du crédit, ils sont suffisamment bas pour que ça soit un « non-sens ». Il y a 30 ans, ils dépassaient les 10% et bien sûr, cela était alors justifié… Actuellement on est en dessous de 3% !

Le taux d'usure évolue chaque mois depuis février 2023 et nous tendons vers une hausse conséquente des taux pour un moment, l'essentiel est désormais d'obtenir son financement dans la mesure où près de 50% des demandes de prêts immobiliers sont refusés.

Tout est une question de priorité bien sûr, choisissez vos batailles !

CHAPITRE 7 : J'AI (ENFIN !) LES CLES

Et voilà le jour tant attendu est enfin arrivé !

Idéalement, avant le rendez-vous chez le notaire, vous vous retrouvez avec les vendeurs (et l'agent immobilier si vous êtes passé par une agence) sur le bien pour une ultime visite de relevé des compteurs, vérifier que tout est conforme concernant le mobilier et l'équipement laissés - certains sont déjà partis avec une baignoire ...

C'est ce que j'appelle la visite de passation de propriété, celle durant laquelle les vendeurs vous donnent tous les petits « tips » de fonctionnement du logement, ces détails techniques qu'il est souvent important d'avoir pour ne pas les importuner tous les 4 matins par la suite.

Si vous êtes passés par une agence, en principe, l'agent immobilier s'occupera de tout organiser pour cette ultime visite.

Quelques heures plus tard, vous sortez fièrement de chez le notaire avec un sac un peu lourd (à cause du trousseau de toutes les clés !), vous voilà enfin propriétaire de votre colocation. Félicitations, prenez le temps de fêter cette victoire !!

Pensez juste à quelques points d'attention pour optimiser les jours à venir :
        - ouvrez directement les contrats d'eau et d'électricité afin que les entrepreneurs ne soient pas bloqués lors de la réalisation des travaux.
        - pensez à souscrire à un contrat d'assurance habitation pour propriétaire non occupant (PNO) afin d'éviter que votre responsabilité soit engagée en cas de pépin !
        - prévenez votre entrepreneur qu'il peut débuter les travaux. En principe, vous

aurez déjà évoqué cette date auparavant, et vous la lui aurez précisé lors de la confirmation de la date de signature de l'acte authentique et prenez un rdv pour lui remettre rapidement les clés, qu'il puisse démarrer les travaux.

Dans les semaines/mois à venir (selon l'ampleur des travaux), prévoyez d'être relativement disponible.

1.Les travaux

Avant de choisir votre entrepreneur, veillez à ce qu'il ait bien une garantie décennale, n'ayez pas peur de lui demander un justificatif en ce sens. S'il y a une malfaçon, vous serez ainsi protégé pendant 10 ans !

Selon ce qui a été négocié et inclus dans votre devis et selon vos disponibilités, vous pouvez potentiellement acheter vous-même le matériel afin d'optimiser un maximum le devis travaux.

Je vous parle en connaissance de cause, si par exemple, vous prévoyez de cloisonner un séjour pour créer une chambre supplémentaire : assurez-vous que cette pièce dispose d'une fenêtre qui s'ouvre - une baie vitrée fixe n'entre pas dans ce cadre-, d'un point de chauffage, de plusieurs prises électriques, et d'un interrupteur ou au minimum une prise commandée.

Dans les salles d'eau, pensez à vous

assurer que l'entrepreneur vous pose bien des prises avec terre et un ampérage correspondant aux gros électroménagers : lave-linge par exemple, afin que tout ne saute pas s'il a mis l'ampérage d'une prise destinée au petit électroménager de type sèche-cheveux ou rasoir par exemple...

Essayez de passer sur le chantier le plus souvent possible, pour vous assurer de l'avancée constante et du suivi.

L'idéal est d'y passer tous les matins et tous les soirs, bien sûr, faites au mieux en fonction de vos disponibilités.

Si vous y allez le matin, une fois de temps en temps : apportez viennoiseries et café. C'est important d'avoir de bonnes relations avec vos prestataires.

Soyez en contact constant avec l'entrepreneur, restez courtois, et communiquez.

Selon le professionnalisme de chaque entrepreneur, cette période pourra mettre vos nerfs à rude épreuve car on dit souvent des travaux : « on sait quand ça commence, mais jamais quand ça finit … », sauf que dans ce cadre, il faut que la fin soit fixée.

Faites attention aux entrepreneurs qui vous feront des devis défiants toute concurrence, ils les font souvent de façon assez vague et vous ajoute des lignes à un tarif beaucoup moins conciliant lorsque certains points n'ont pas été pris en compte dès le départ…

Pour exemple : sur mon premier investissement, l'entrepreneur devait me refaire une salle de bain entièrement, et au-delà de l'exemple de l'ampérage des prises électriques, il avait prévu la peinture et la pose de carrelage sur les murs mais pas … AU SOL !! (C'était un vieux lino à l'époque).
Evidement il avait voulu me la facturer à un prix exorbitant pour « compenser » tout le reste de son devis… je me suis donc retrouvée à poser du carrelage avec un super bricoleur (merci Papa !) le week-end de la Saint-Valentin..

Aussi, en principe, une société de travaux devra vous rendre les clés à la fin du chantier avec le ménage fait car il vous est facturé.

Nous n'avons pas tous la même notion d'hygiène, vous devrez certainement repasser derrière mais il y a un minimum que vous serez en droit d'exiger.

Soyez minutieux sur la visite de fin de chantier, car un travail mal fait peut vous permettre d'obtenir un geste commercial sur la facture globale.

Et bien sûr, vous ne soldez pas l'ultime partie de la facture tant que tout n'est pas ok pour vous !

2.L'ameublement

En parallèle de l'avancée du chantier, et selon vos rapports avec les équipes sur place, vous pouvez dès à présent anticiper la livraison de certains meubles/électroménager car il y a une présence quotidienne sur place. Et cela vous fera gagner un peu de temps.

Et si vous avez besoin d'un coup de main pour monter plusieurs matelas au 6ème étage, vous comprendrez à ce moment-là toute la pertinence d'avoir gardé de bonnes relations avec eux.

Non je ne suis pas une opportuniste de la sorte, et oui j'avais bien sûr, payé la livraison à l'étage, mais face à un livreur de mauvaise foi, qui vous plante au rez-de-chaussée, vous ne pouvez rien faire de plus - sur le moment, évidement on fait une réclamation ultérieurement sur le site par lequel nous sommes passés-.

Comme le prévoit la loi, un logement meublé doit au minimum comporter les

meubles suivants :
- Literie avec couette ou couverture
- Volets ou rideaux dans les chambres
- Plaque de cuisson
- Four ou four à micro-onde
- Réfrigérateur
- Congélateur ou compartiment à congélation du réfrigérateur d'une température maximale de -6°
- Vaisselle en nombre suffisant pour que les occupants puissent prendre les repas
- Ustensiles de cuisine
- Table
- Sièges
- Étagères de rangement
- Luminaires
- Matériel d'entretien ménager adapté aux caractéristiques du logement (aspirateur s'il y a de la moquette, balai et serpillière pour du carrelage).

Un juge pourra déqualifier le bail d'un logement meublé en bail de logement vide, en cas de non-respect de cette liste de meubles.

Par contre dans le cadre d'une colocation

meublée, dites-vous qu'il faut que vos futurs colocataires puissent à la fois, arriver et se sentir « chez eux » avec tout le nécessaire déjà fourni.

Et, à la fois avoir la possibilité de « personnaliser » un peu leur « chez eux », on calme donc ses ardeurs de décoration, on y met juste une petite touche !

Dans la cuisine par exemple, on pense à adapter le nombre de réfrigérateurs / congélateurs / four / micro-ondes / plaques de cuisson / placard / couverts- vaisselle en fonction du nombre de colocataires. Car non un frigo pour 7 personnes ne suffira pas. (Au cas où vous ayez encore un doute !)

Dans les pièces d'eau, on prévoit la petite poubelle, la brosse pour les WC, le tapis de bain en sortant de la douche … et les rangements nécessaires pour leurs effets personnels ainsi que pour les bidons de lessive - car il y a peu de chance pour qu'Ils utilisent la même.

Pour le séjour, quelques cadres en plus de fauteuil.s, canapé.s, table.s basse.s … toujours adaptés au nombre de colocataires. Comme on a dit, on reste léger sur la décoration, tout est question de juste milieu.

Dans chaque chambre, prévoyez :

- un lit - je vous conseille fortement un lit deux places 140*190cm - il ne s'agit pas de vos progénitures sur lesquels vous avez un « droit de regard » s'ils dorment seul ou pas-, ainsi qu'une alèse, cela vous coutera 15 à 20€ supplémentaires mais vous permettra d'éviter que le matelas soit taché car les colocataires ont des draps de couleurs vives ou foncées ;

- un petit bureau, il est important de trouver un juste milieu car imposer un grand bureau à une chambre qui sera peut-être louée à un jeune actif qui n'en aura pas besoin, l'encombrera ! L'étudiant pourra toujours s'arranger avec un de ses colocataires qui n'en a pas l'utilité.

- une chaise,

- une armoire ou un rangement intégré (par pitié, le meuble Kalax de chez Ikea n'est pas une armoire digne de ce nom !! Respectez-les !)

- une table de chevet, ne pinaillez pas, on peut en trouver des très biens à prix raisonnable chez Gifi, Centrakor …etc ;

    - une lampe de chevet et/ou de bureau selon l'éclairage initialement prévu dans la chambre ;

    - des volets extérieurs ou des rideaux occultants (obligatoires !).

Ne misez pas trop sur les plantes car même si cela sera sans doute très joli sur les photos de vos annonces, ce n'est pas dit que vos colocs aient la main verte !

3. La mise en location

Voilà tout est fin prêt, vous mettez l'annonce en ligne sur les différents sites de mise en relation si c'est vous qui gérez en direct uniquement : Le Bon Coin, La carte des Colocs, Appartager, … etc.

Selon la période de l'année sur laquelle vous tombez, la mise en location peut être plus ou moins longue.

La colocation est un marché qui connait une forte période lors de la rentrée (de mi-fin juillet au mois d'octobre) et une seconde période moins forte mais tout de même propice à la location qui se situe entre janvier et avril.

Les mois de novembre, décembre, et mai, juin sont les plus mauvaises périodes pour une mise en location car les gens ont souvent la tête dans les fêtes de fin d'année et/ou dans les vacances.

Et typiquement un étudiant n'entamera pas un contrat de location au mois de juin alors que ses cours ne commenceront pas avant courant septembre.

Dans ce cas, prenez votre mal en patience, si vous êtes disponible et à proximité du bien, peut-être pouvez-vous le mettre en location courte durée par un bail saisonnier de 3 mois ou AirBnb entre temps pour optimiser vos revenus ?!

Si vous avez la possibilité d'anticiper ce point, optez pour une vente longue afin de mettre votre bien en location sur une période plus favorable.

Lors du premier échange, filtrez et choisissez vos prospects en fonction des tranches d'âge et profils déjà présents au sein de votre logement, attention aux écarts d'âge qui pourraient être trop importants et aux modes de vie « trop » différents.

Si les attentes ne sont pas les mêmes, l'un ou plusieurs d'entre eux peut se sentir mal, s'isoler dans sa chambre et ne rien faire pour la colocation - ce qui peut vite participer à la détérioration d'une bonne ambiance - et au pire quitter le logement.

S'il y a un turn-over trop fréquent, les colocataires ne s'y retrouvent pas toujours... et préfère en changer. Sans parler du fait que ce genre de choses se ressent pendant une visite...

Lorsqu'un colocataire est intéressé, et correspond au profil recherché, faites-lui la visite du bien, en vous assurant de prévenir les autres occupants au moins 24 heures à l'avance.

Pendant la visite, précisez-lui où se situent les commerces et transports à proximité, faites-lui faire le tour du bien et ensuite prenez le temps de lui expliquer comment vous souhaitez procéder - pour la constitution de son dossier, le délai pour intégrer la colocation s'il y en a un, répondre à ses questions...etc...

Avant de valider la candidature du candidat, assurez-vous qu'il soit solvable.

N'hésitez pas à lui demander un dossier de candidature avec sa pièce d'identité, un justificatif de ses revenus (bourse étudiante, bulletins de salaire), avis d'imposition s'il en a un, et quittance de loyer ou attestation d'hébergement.

Avez-vous pensé à prendre une garantie complémentaire pour le paiement de vos loyers ?

Vous avez le choix entre une assurance loyer impayés, un garant physique, un organisme d'état (VISALE), une assurance loyer impayé apporté par le locataire - il y a de plus en plus d'organismes privés tel qu'Unkle, GarantMe, SmartGarant -.

Même si le risque d'un impayé total reste assez minime sur une colocation, mieux vaut se protéger et prévenir que guérir.

Tout est bon pour vous à ce niveau et votre colocataire est prêt à intégrer la colocation, pensez bien sûr à lui faire signer un contrat de bail, un état des lieux, et je vous conseille en plus de bien les briefer sur la vie en communauté. Pourquoi pas en leur créant un petit règlement intérieur ou rappel de charges par exemple. Ces derniers peuvent permettre d'aborder et clarifier certains sujets tel que les travaux, l'entretien, l'organisation interne, les invités, les nuisances, le détail de ce qui est prévu dans les charges et la mise en application de la répartition … etc. Concernant l'entretien du bien qui sera à leur charge, vous pourrez leur laisser un exemplaire des textes de loi correspondants, à savoir le décret n°87-712 du 26 août 1987 qui précise les réparations qui sont à caractère locatif, ou bien encore la notice d'information de la loi Alur qui précise les recours possibles en cas de litige entre le locataire et le bailleur.

Encore une fois, il s'agira pour vous de trouver un juste milieu entre le propriétaire « professionnel » et le propriétaire « trop sympa », où le revers de médaille pourrait vous surprendre ultérieurement. Les colocataires pourraient ne pas comprendre si vous devenez strict du jour au lendemain suite à un abus alors que vous n'étiez pas loin de prendre l'apéro avec eux quelques temps plutôt.

Il est important de les responsabiliser, si vous les infantilisez un peu trop, ils risqueront de vous solliciter au moindre souci.

4.La gestion
(Et les périodes de carences locatives - retour d'expérience)

Vous avez ensuite le choix, de gérer vous-même votre bien ou de déléguer sa gestion à une agence.

Si vous optez pour une gestion en direct : une colocation rapporte plus qu'une location traditionnelle en revanche elle vous prendra aussi plus de temps, il y aura un turn-over plus important ce qui engendrera des visites plus fréquentes et une certaine disponibilité de votre part.

Si vous souhaitez déléguer la gestion de votre bien à une agence : une agence spécialisée dans la colocation vous prendra entre 10 et 15% en moyenne de vos revenus locatifs. En principe vous n'aurez plus rien à faire, assurez-vous de son professionnalisme en la choisissant en consultant les avis Google ou TrustPilot s'il y en a.

De plus en plus d'agences traditionnelles s'occupent de colocations mais attention à ce qu'elles vous proposeront, parfois uniquement un bail solidaire auquel cas vous perdez tout l'avantage de revenus plus élevés.

La gestion de colocation nécessite un savoir-faire - que l'on peut, bien sûr, acquérir avec le temps -, il ne s'agit pas juste de 4 murs, mais d'humain avant tout !

Pour vos colocataires, il y aura une vraie notion de vie en communauté...

Une colocation dans laquelle tout se passe bien, on s'y sent bien et on y reste ! Pour vous, cela correspond à moins de turn-over et moins de carences locatives. Il est dans votre intérêt d'avoir une attention toute particulière lors de la sélection des profils.

Si vous gérez votre bien en direct, je vous suggère fortement de centraliser les charges.

Concrètement, louez des chambres avec des prix charges comprises, ouvrez l'ensemble des contrats concernant la colocation à votre nom ; cela concerne l'électricité, l'eau, le chauffage, internet, l'assurance habitation. En effet, si chacun prend son contrat d'assurance habitation individuellement, vous avez de forte probabilité pour qu'en cas de sinistre dans une partie commune, les différents assureurs se renvoient la balle.

Au-delà de 3 colocs, pensez à compléter les charges par une prestation de ménage afin de vous assurer que les espaces communs resteront propres et agréables à tous. En effet, il suffit que l'un des colocs n'ai pas la même notion d'hygiène de vie pour que tout se détériore rapidement sans que vous n'en sachiez rien.

Cette prestation vous permettra aussi qu'une personne extérieure passe à la colocation une fois par semaine et vous alerte en cas de problème si les colocataires ne l'ont pas fait.

À vous de voir si vous préférez une prestation via un crédit d'impôt, chèque emploi-service...

Pensez également à leur éditer des quittances de loyer, et pour dernier petit rappel : n'oubliez pas que les locataires ont des devoirs mais les bailleurs en ont aussi :

- louer un logement décent (il y a une loi qui précise ce à quoi ça correspond : n°89-462 du 06/07/1989),

- délivrer aux colocataires le bien loué et le mobilier qui le compose comme c'est décrit dans l'état des lieux lors de l'entrée,

- assurer la jouissance paisible du lieu loué (article 1721 du Code Civil),

- entretenir le bien loué en état de servir à l'usage prévu par le bail,

- ne pas s'opposer aux aménagements réalisés par les locataires.

Concrètement un lave-linge qui tombe en fin de vie doit être remplacé à vos frais, en revanche s'il s'agit de façon évidente d'un manque d'entretien des colocataires cela pourra leur être imputé.

De même, on n'interdit pas à ses colocataires de décorer leur chambre ou le séjour, par contre on peut leur interdire (ou leur demander la remise en état) en cas de transformation du bien loué.

CHAPITRE 8 : C'EST PARTI POUR LA BELLE VIE

Votre coloc est louée, parking compris. Vous sortez d'un tunnel de plusieurs mois assez intense et maintenant, vous allez pouvoir en profiter.

1.Conseils : garder un matelas de sécurité

Si vous avez suivi mes conseils énumérés à travers ce livre, vous aurez votre décalé de crédit mis en place qui vous permettra en quelques mois de constituer un matelas de sécurité.

L'idée de ce « matelas de sécurité » est de vous protéger en cas de coup dur.

Une carence locative prolongée à la suite d'une période où l'ambiance s'est détériorée ? Une nouvelle pandémie avec des confinements successifs ? Un locataire qui laisse une chambre en mauvaise état où tout est à refaire ? Un lave-linge à changer ?

D'avoir gardé ce fond de roulement, vous permettra de voir venir ce type d'aléas sans inquiétude et de pouvoir les financer rapidement sans avoir à toucher à vos économies personnelles.

2.Fiscalité

Selon vos objectifs sur le moyen/long terme, votre stratégie fiscale devra s'adapter, mais bonne nouvelle : sachez qu'en louant votre bien en colocation meublée, vous ne dépendrez pas des revenus fonciers mais des bénéfices industriels et commerciaux qui sont moins lourdement imposés.

Selon les revenus engendrés par votre investissement, cela vous permettra de déterminer s'il s'agit du statut LMP (Loueur Meublé Professionnel) ou LMNP (Loueur Meublé Non Professionnel). Le seuil des 23 000€ de revenu annuel aide à le définir : il faut également que les revenus de la location représentent plus de 50% des revenus professionnels du foyer fiscal si vous souhaitez opté pour un statut LMP.

Ensuite, il faudra choisir entre le régime forfaitaire, également appelé le régime micro-BIC, ou le régime réel. Voici une présentation succincte :

Si c'est votre seule colocation et que vous n'envisagez pas d'en refaire d'autres par la suite, le régime forfaitaire serait certainement plus adapté puisque vous serez imposé sur 50% de vos revenus locatifs annuel : en effet, vous bénéficierez d'un abattement sur l'autre moitié.

Si vous envisagez d'en refaire une ou plusieurs autres, partez sur le régime réel qui vous permettra de déduire tous les frais liés au bien comme les frais de notaire, les intérêts du crédit, les travaux, l'ameublement, les frais de comptabilité, centre de gestion et autre … vous ne paierez probablement pas d'impôts pendant plusieurs années.

Votre situation est particulière, vous avez hérité d'un bien, ou vous en êtes déjà propriétaire et le crédit est entièrement remboursé ? Rapprochez-vous de votre expert-comptable, ou gestionnaire de patrimoine afin de déterminer quelle est la stratégie optimale en fonction de votre situation.

Quelques centaines d'euros pour ses

conseils, vous en feront économiser des milliers lors des années suivantes.

3.Réinvestir ?!

La colocation fait partie des investissements à haut rendement donc bien sûr, si on peut avec un ou deux bilans à l'appui, repartir sur un nouveau projet : on fonce !

Par contre, pensez à ne pas mettre TOUTES vos billes dans le même panier, diversifiez vos investissements.

Pour développer son patrimoine, l'idéal est de commencer par investir en nom propre (autant que possible en fonction de vos revenus) et ensuite de basculer sur des formats en société comme les SCI sur lesquels les objectifs différeront légèrement.

Lors d'un investissement via une SCI, il s'agira alors d'être sur une optique de développement de patrimoine et de transmission.

L'optique de générer des revenus complémentaires sera moins au rendez-vous via une SCI. Je m'explique : lorsque vous investissez en LMNP ou LMP vous disposez de vos cash-flows comme bon vous semble alors que via une SCI c'est l'apport que vous avez mis initialement que vous pourrez vous remboursez à votre guise.

Quand l'apport est remboursé, on bascule sur des dividendes que l'on peut se verser une fois par an (généralement à la suite du bilan comptable) et sur lesquelles, on est taxés.

La pertinence de la SCI, à mon sens, réside dans un apport conséquent vous l'aurez compris...

J'espère sincèrement vous avoir aidé avec tous mes tips, en tout cas c'est l'ensemble des conseils que j'aurais aimé que l'on me donne lors de mon premier investissement !

A vos recherches désormais !!

À PROPOS DE L'AUTEUR

Elodie Setruk évolue depuis 10 ans dans ce milieu, elle a travaillé au sein de l'agence précurseuse dans ce domaine et a, par la suite, créé plusieurs sociétés spécialisées dans la colocation. L'auteur intervient également en tant qu'experte sur différents médias.

Elle se donne corps et âme pour faire évoluer le milieu de la colocation et participer à la structuration de ce marché de niche.

Investisseur aguerrie et entrepreneuse, elle a su se forger un nom dans ce milieu de spécialistes, en y apportant sa touche féminine.